히구치 유미코의 즐거운 울 자수

시작하며

이 책은 울실을 사용한 자수 도안집입니다.

사용한 울실은 굵은 실과 가는 실 두 종류입니다.

여기에 다채로운 느낌을 주기 위해 일반적인 25번 자수실을 조합해

제가 좋아하는 식물 도안을 만들었습니다.

울실 자수는 입체감이 생기므로 깊이 있는 색의 농담을 만듭니다.

그리고 울실이 가진 양털의 따스한 표정이 작품에 유쾌한 개성을 만들어줍니다.

한 땀 한 땀에 볼륨이 있어 자수를 빨리 완성할 수 있으므로

큰 작품에도 도전할 수 있습니다.

무엇보다 가장 큰 즐거움은, 손으로 직접 만들기 때문에 얻을 수 있는 따스한 감촉을

제작 과정에서도 완성품에서도 가득 느낄 수 있다는 거예요.

바늘과 실을 쥔 손끝은 물론이고 몸에 지닌 자수 소품에서도 행복을 느끼게 될 테지요.

이 책에는 색채와 형태, 여백까지 포함해 마음을 치유해주는 식물의 도안이 담겨 있습니다.

살랑살랑 흔들리는 초목, 서서히 피어오르는 꽃 도안…

난이도가 높은 몇몇 도안은 섬세하게 수놓으면 매력과 즐거움이 넘치는 작품이 될 거예요.

부디 마음껏 수놓아보세요.

여러분의 자수 생활이 풍성해지길 바랍니다.

Contents

P. 04 / 05	Wool stitch emblem / Pouch	울 스티치 엠블럼 / 파우치
P. 06 / 18	Botanical garden / Cushion	식물원 / 쿠션
P. 08 / 09	Mimosa / Triangular shawl	미모사 / 삼각 숄
P. 10	Flower bed	화단
P. 11	Flower rhythm	플라워 리듬
P. 12 / 13	Butterfly / Beret	나비 / 베레모
P. 14 / 15	Thistle wreath / Pot mat	엉겅퀴 리스 / 포트 매트
P. 16	Vintage flower pattern	빈티지 플라워 패턴
P. 17	Tile pattern	타일 패턴 핀 쿠션
P. 19	Poppy	포피 자수틀 오너먼트
P. 20	Dandelion	민들레
P. 21	Modern flower	모던 플라워 베이비 니트
P. 22 / 23	Pressed flowers / Big bag	압화 / 큰 가방
P. 24	Bird paradise	새의 낙원
P. 25	Funny flower pattern	재미있는 꽃 패턴
P. 26 / 27	Pansy / Tote bag	팬지 / 토트백
P. 28	Classical flower	클래시컬 플라워 자수틀 오너먼트
P. 29	Flower river	플라워 리버 리본
P. 30 / 31	Small berries / Stall	작은 베리 열매 / 스톨
P. 34	Mushroom	버섯 액자
P. 35	Skier	스키어
P. 36	Christmas rose	크리스마스로즈
P. 37	Christmas square botanical	크리스마스 스퀘어 보태니컬
P. 38 / 39	Materials / Tools	재료와 도구
P. 40 / 41	How to make	수놓는 법 · 소품 만드는 법
P. 70	Embroidery stitches & basics	자수의 기본과 스티치

* 이 책에 게재된 도안·작품의 전부 또는 일부를 상품화해서 판매하는 것은 금지되어 있습니다. 모방하여 만드는 일도 삼가해주세요. 직접 만들어 즐기기 위한 용도로만 이용해주시길 바랍니다.

Wool stitch emblem
How to make P.42/43

울 스티치 엠블럼   니트 무늬와 왕관, 장미꽃을 어우른 엠블럼. 도안을 수놓아 산뜻한 사각 파우치를 만들었습니다.

Pouch

Botanical garden
How to make P.44

식물원 포근한 봄부터 초여름까지는 다채로운 꽃이 피어 가슴이 설레는 계절. 그때의 정원을 표현했습니다.

Mimosa
How to make P.46

미모사 봄 햇살 같은 미모사꽃을 앙증맞은 프렌치 노트 스티치로 표현했습니다. 모양이 망가지기 쉬우므로 꽃을 마지막에 수놓습니다.

Triangular shawl

Flower bed
How to make P.48

화단   쭉쭉 뻗은 꽃들이 사이좋게 늘어서 바람에 흔들리는 유쾌한 모습을 그렸어요. 줄기와 잎 부분부터 수놓아주세요.

Flower rhythm
How to make P.49

플라워 리듬 심플한 배색의 리드미컬한 연속 꽃 무늬는 스커트나 커튼 끝단 등에 더해보세요.

Butterfly
How to make P.50

나비 나비 날개를 울실로 도톰하게 수놓았습니다. 검은색을 베이스로 한 어른스러운 분위기로 존재감을 완성합니다.

Beret

Thistle wreath
How to make P.52/54

엉겅퀴 리스 봉긋한 엉겅퀴를 배치한 호화로운 리스. 리스 자수는 주전자 매트 등 쓰임새가 다양합니다.

Pot mat

Vintage flower pattern
How to make P.47

빈티지 플라워 패턴　볼륨이 있는 꽃들을 조합한 연속무늬. 채도를 눌러 차분한 색감으로 완성했습니다.

Tile pattern
How to make P.56

a

b

c

타일 패턴 핀 쿠션 파란색과 흰색의 모로코 타일에서 착상을 얻은 도안 3종. 핀 쿠션으로 만들어서 수놓을 때 사용해보세요.

Cushion
How to make P.65

쿠션   정원에 피는 큰 꽃들을 작은 쿠션에 담았습니다. 집 안에서도 아름다운 꽃을 감상해보세요.

Poppy
How to make P.53

포피 자수틀 오너먼트 알록달록한 포피(개양귀비)와 여러 꽃을 자수틀 안에 한가득 넣었어요. 잎을 같은 색으로 통일하면 꽃이 돋보입니다.

Dandelion
How to make P.58

민들레 양팔을 벌린 활기찬 민들레. 원포인트로 또는 여러 개를 수놓아도 좋은 좌우대칭의 도안입니다.

Modern flower
How to make P.59

모던 플라워 베이비 니트 부드러운 색감에 밝고 큼직한 꽃. 심플한 니트를 화사하게 연출해주지요.

Pressed flowers
How to make P.61

Big bag

Bird paradise
How to make P.63

새의 낙원 빨간색과 파란색의 큰 꽃과 무성한 초목에 둘러싸인 나비와 새. 면을 메우는 스티치가 많으므로 꼼꼼히 수놓습니다.

Funny flower pattern
How to make P.58

재미있는 꽃 패턴 깜찍하면서도 정겹고 살짝 익살맞은 잔꽃 여러 가지 색을 조합해 즐길 수 있어요.

Pansy
How to make P.64

팬지 산뜻한 인상의 팬지 부케. 시원한 자태가 길쭉한 흰 토트백에 잘 어울립니다.

Tote bag

Classical flower
How to make P.55

클래시컬 플라워 자수틀 오너먼트 앤티크풍의 커다란 꽃 자수는 자수틀에 끼운 채로 장식해도 좋아요. 꽃은 중심의 꽃잎부터 수놓습니다.

Flower river
How to make P.51

플라워 리버 리본 리본을 강물 삼아 흘러가는 꽃들을 비비드한 색채로 표현했습니다.

Small berries
How to make P.63

작은 베리 열매   입체적인 베리를 스톨 전체에 배치했습니다. 가지고 있는 다양한 소품에 응용해보세요.

Stall

Mushroom
How to make P.68

버섯 액자 계절을 느끼게 하는, 숲에 고요히 돋아난 버섯 도안 시크한 액자가 잘 어울립니다.

Skier
How to make P.66

스키어 설산에서 스키를 즐기는 두 사람. 여기에 겨울 식물을 더한 도안은 크리스마스 시즌에 추천합니다.

Christmas rose
How to make P.66

크리스마스로즈 겨울에 피는 귀여우면서도 씩씩한 꽃. 잎에 농담을 주어 깊이를 더하고 시크하게 완성했습니다.

Christmas square botanical
How to make P.69

크리스마스 스퀘어 보태니컬 네모나게 배치한 크리스마스 시즌의 화초는 키친 클로스로 만들거나 액자에 넣어서 즐길 수 있습니다.

Materials

재료

실 이 책은 굵기가 다른 실 3종을 사용해 자수를 놓았습니다. *울실은 드라이클리닝 해주세요.

a 애플톤 크루웰 울실

애플톤사 울실. 굵기는 25번 자수실 6올 정도이며, 가늘고 가를 수 없는 1올 실입니다. 부드럽고 발색이 좋으며 색깔도 풍부합니다. 계절에 상관없이 쓸 수 있고 울실을 처음 사용하더라도 다루기 쉽습니다. 실은 실타래 안쪽의 실 끝을 천천히 뽑아 60cm 정도로 자르고 1올 또는 2올로 사용합니다.

b DMC 태피스트리 울실

DMC 울실. 털실 같은 질감을 가진 굵고 가를 수 없는 1올 실입니다. 무광택의 깊이 있는 색감, 소박함과 굵기를 살린 입체감이 매력적입니다. 실은 실타래 아랫부분의 안쪽에 있는 실 끝을 천천히 뽑아 60cm 정도로 잘라서 1올 또는 2올로 사용합니다. 바늘은 굵은 전용 바늘을 사용합니다.

c DMC 25번 자수실

6올의 가는 면실을 느슨하게 꼬아서 합치고 1가닥으로 만든 가장 일반적인 자수실입니다. 이 책에 실린 작품은 DMC 실로 작업했습니다. 실은 먼저 실타래 아랫부분의 안쪽에 있는 실 끝을 천천히 뽑아 60cm 정도로 자릅니다. 그다음 자른 실에서 필요한 올 수만큼 1올씩 살살 뽑아서 가지런히 모은 뒤 바늘에 꿥니다.

천

이 책에 실린 작품은 모두 리넨을 사용해 만들었습니다. 부드럽고 촉감도 좋은 평직 리넨은 자수실과 잘 어울립니다. 천의 올 굵기가 균일하고 조밀하게 모인 천을 고르며, 굵은 울실은 전용 바늘이 천에 매끄럽게 들어가는지 확인합니다. 밝은 색깔은 도안을 베끼기 쉽고 실도 잘 보이므로 초보자에게 추천합니다. 새 리넨은 세탁하면 줄어들 수 있으므로 반드시 선세탁한 뒤에 사용합니다.

선세탁

천을 미지근한 물이나 찬물에 몇 시간에서 하룻밤 정도 푹 담근 다음 가볍게 짜서 그늘에 말립니다. 덜 말랐을 때 다리미로 가볍게 누르듯이 다려 비뚤어진 올을 바로잡습니다.

Tools

도구

d 바늘

같은 울실이라도 굵은 태피스트리 울실은 태피스트리 바늘, 가는 애플톤 크루웰 울실과 25번 자수실은 프랑스 자수바늘을 표와 같이 실의 올 수에 따라 구분해 사용합니다.

실 종류	실의 올 수	이 책에서 사용한 바늘
태피스트리 울실	1~2올	DMC 태피스트리 바늘 No.18
애플톤 크루웰 울실	1~2올	프랑스 자수바늘 No.3
25번 자수실	1~2올	프랑스 자수바늘 No.7
	3~4올	프랑스 자수바늘 No.5
	6올	프랑스 자수바늘 No.3

*프랑스 자수바늘은 클로버 제품을 사용했습니다.

e 핀 쿠션 & 시침핀

끝이 뾰족한 바늘은 핀 쿠션에 꽂아두고 사용합니다. 시침핀은 초크 페이퍼를 천에 고정하거나 천끼리 박음질할 때 임시 고정용으로 쓰면 편리합니다.

f 실 끼우개

바늘에 실을 꿰는 데 사용합니다. 특히 울실을 꿸 때 유용합니다.

g 실 가위

실을 자르는 전용 가위. 끝이 가늘고 날이 얇은 것이 쓰기 편합니다.

h 재단 가위

천을 재단할 때 쓰는 전용 가위. 잘 드는 것을 준비합니다.

i 자수틀

천을 팽팽하게 고정하기 위한 틀. 천이 늘어지지 않게 나사를 꽉 조여서 사용합니다. 안쪽 틀에 얇은 바이어스 천을 감으면 천이 잘 미끄러지지 않습니다. 지름 10cm 등 여러 크기가 있으며 도안 크기에 맞춰 가려 씁니다.

j 초크 페이퍼

천에 도안을 베낄 때 사용하는 수예용 복사지. 짙은 색 원단에는 흰색 초크 페이퍼를 추천합니다.

k 트레이싱 페이퍼 & 셀로판지

트레이싱 페이퍼는 도안을 베끼기 위한 얇고 비치는 종이입니다. 셀로판지는 도안을 천에 베낄 때 트레이싱 페이퍼가 찢어지지 않도록 위에 겹쳐서 사용합니다.

l 철필

도안을 따라 그려 천에 옮길 때 사용합니다. 볼펜으로도 대체 가능합니다.

m 수용성 시트

도안을 베끼기 어려운 천에 사용하면 편리한 반투명의 부직포 시트. 어두운색이나 두꺼운 천, 니트와 펠트 등에 수놓고 싶을 때 추천합니다. 스티커 타입도 있습니다. 자세한 사용법은 41페이지를 참고하세요.

도안 베끼는 법

초크 페이퍼를 사용할 때

도안에 트레이싱 페이퍼를 얹고 가는 펜으로 베낀다. 평평한 책상 위에 그림처럼 차례로 겹치고 시침핀을 사용해 천에 고정한 뒤 철필로 꾹꾹 눌러 도안을 따라 그린다.

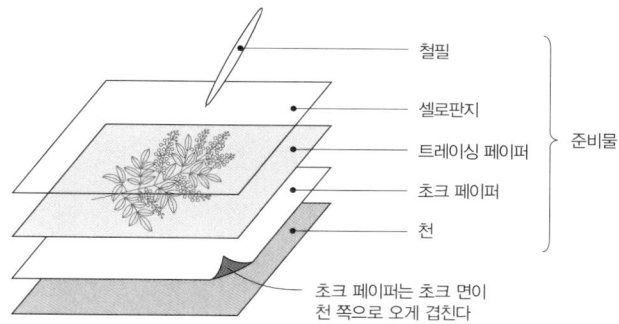

수용성 시트를 사용할 때

도안에 시트를 얹고 가는 수성펜으로 베낀 뒤 둘레를 자른다. 천이나 시판품 위에 자른 시트를 겹치고 둘레를 시침실로 임시 고정한 뒤 수놓는다. 수놓은 뒤 시침실을 제거하고 시트를 물에 녹인다.

How to make
수놓는 법 · 소품 만드는 법

도안을 비치게 해서 베낄 때

색이 연한 천은 햇빛이 비치는 유리창에 대거나 조명을 이용해 도안을 비치게 해서 직접 천에 옮길 수도 있다. 펜은 물이나 열로 지워지는 타입을 사용한다.

도안 보는 법

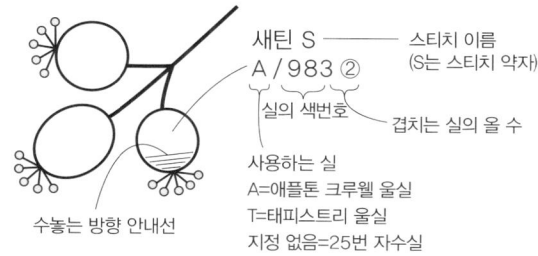

재료 표기

- 자수실 사용량은 1타래 단위입니다.
- 천 치수는 가로×세로, 천 치수와 끈 길이는 약간 넉넉하게 표기했습니다.

Wool stitch emblem Photo P.04
울 스티치 엠블럼

재료
실 :
DMC 태피스트리 울실
7196(핑크)·7260(라이트핑크)·7500(라이트베이지)·7739(크림) 각 1타래
DMC 25번 자수실
08(암갈색)·310(검은색)·829(옐로오커)·895(다크그린)·987(그린) 각 1타래

실물 크기 도안
- 태피스트리 울실은 모두 1올.
- 지정한 것 외에는 새틴 S.

Pouch Photo P.05
파우치

완성 크기 가로 18×세로 18cm

재료
실 : Wool stitch emblem(→P.42)
겉감 : 리넨(흰색) 25×40cm
안감 : 리넨(라이트로즈핑크) 25×40cm
기타 : 평끈(에크뤼) 폭 0.5×10cm, 기둥 단추 지름 1.3cm×1개, 재봉실
(흰색) 적당량

치수도
- 시접은 모두 1cm.
- 접음선에 표시해둔다.

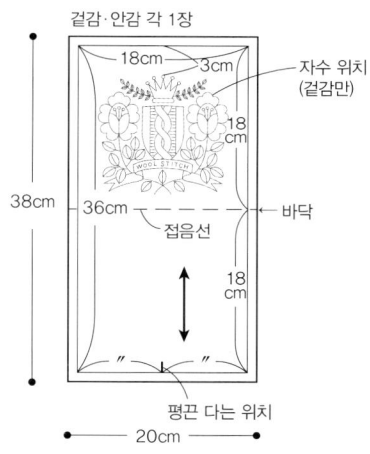

만드는 법
①겉감에 도안(→P.42)을 베끼고 치수도를 참고해 완성선을 그린다.
완성선은 시침실 등으로 표시해둔다.
②도안을 수놓고 다리미로 정돈한다.
③지정 시접을 두어 겉감과 안감을 각각 재단한다.

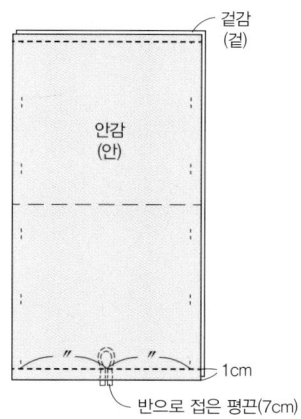

④겉감과 안감을 겉끼리 맞댄 뒤 7cm로 잘라 반으로 접은 평끈을 끼우고(반으로 접은 쪽을 안쪽에 둔다) 위아래를 박는다. 시접은 다리미로 가른다.

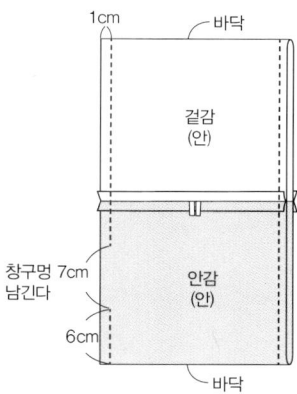

⑤겉감과 안감을 각각 바닥에서 반으로 접고 안감 쪽에 창구멍을 남겨 양옆을 박는다. 시침실은 제거한다.

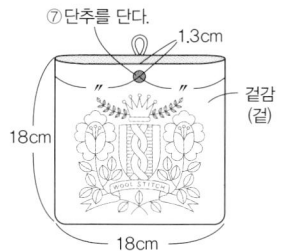

⑥창구멍을 통해 겉으로 뒤집고 다리미로 모양을 정돈한다. 창구멍의 시접을 안으로 접고 꿰매어 막는다.

Botanical garden Photo P.06
식물원

재료
실 :

<u>DMC 태피스트리 울실</u>
ECRU(에크뤼)·7196(핑크)·7321(라이트그레이)·7327(터쿼이즈그린)·7385(그린)·7428(모스그린)·7452(크림)·7473(옐로)·7594(물색)·7702(에메랄드그린)·7758(다크핑크)·7922(오렌지) 각 1타래

<u>DMC 25번 자수실</u>
ECRU(에크뤼)·319(비리디언)·500(다크그린)·502(에메랄드그린)·733(머스터드)·986(그린)·3346(황록색)·3363(그라스그린) 각 1타래

실물 크기 도안
· 도안은 6·7페이지를 참고해 균형 있게 배치한다.
· 지정한 것 외에는 새틴 S.

〈마리골드〉
프렌치 노트 S ECRU⑥
스트레이트 S T/7922②
아웃라인 S 3346⑥
아웃라인 S 3346③
체인 S로 메우기 319③
3346⑥

〈유채꽃〉
레이지데이지 S+스트레이트 S 3346⑥
스트레이트 S T/7473②
체인 S로 메우기 986③
아웃라인 S 3346③

〈엘더플라워〉
프렌치 노트 S ECRU⑥
스트레이트 S T/7452①
체인 S로 메우기 500③
아웃라인 S 502③
502⑥

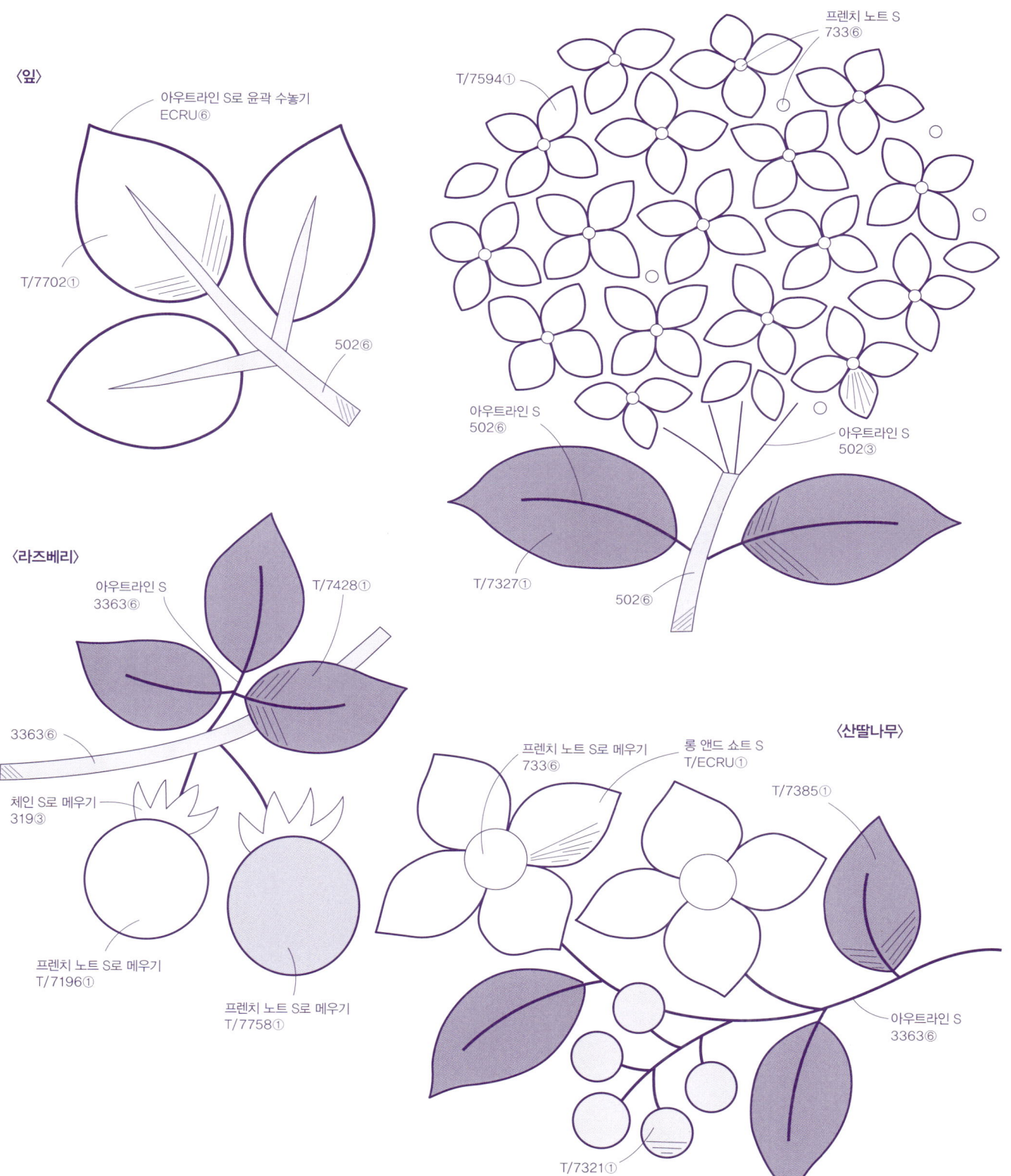

Mimosa Photo P.08
미모사

재료
실 :
DMC 태피스트리 울실
7504(옐로) 2타래
DMC 25번 자수실
320(라이트그린)·505(그린) 각 1타래

Triangular shawl Photo P.09
삼각 숄

완성 크기 폭 약 85×높이 약 38cm, 전체 길이 약 185cm

재료
실 : Mimosa(→P.46)
기타 : 리넨 니트 삼각 숄(에크뤼), 수용성 시트(→P.39), 시침실 적당량

실물 크기 도안
· 도안은 8페이지를 참고해 균형 있게 배치한다.

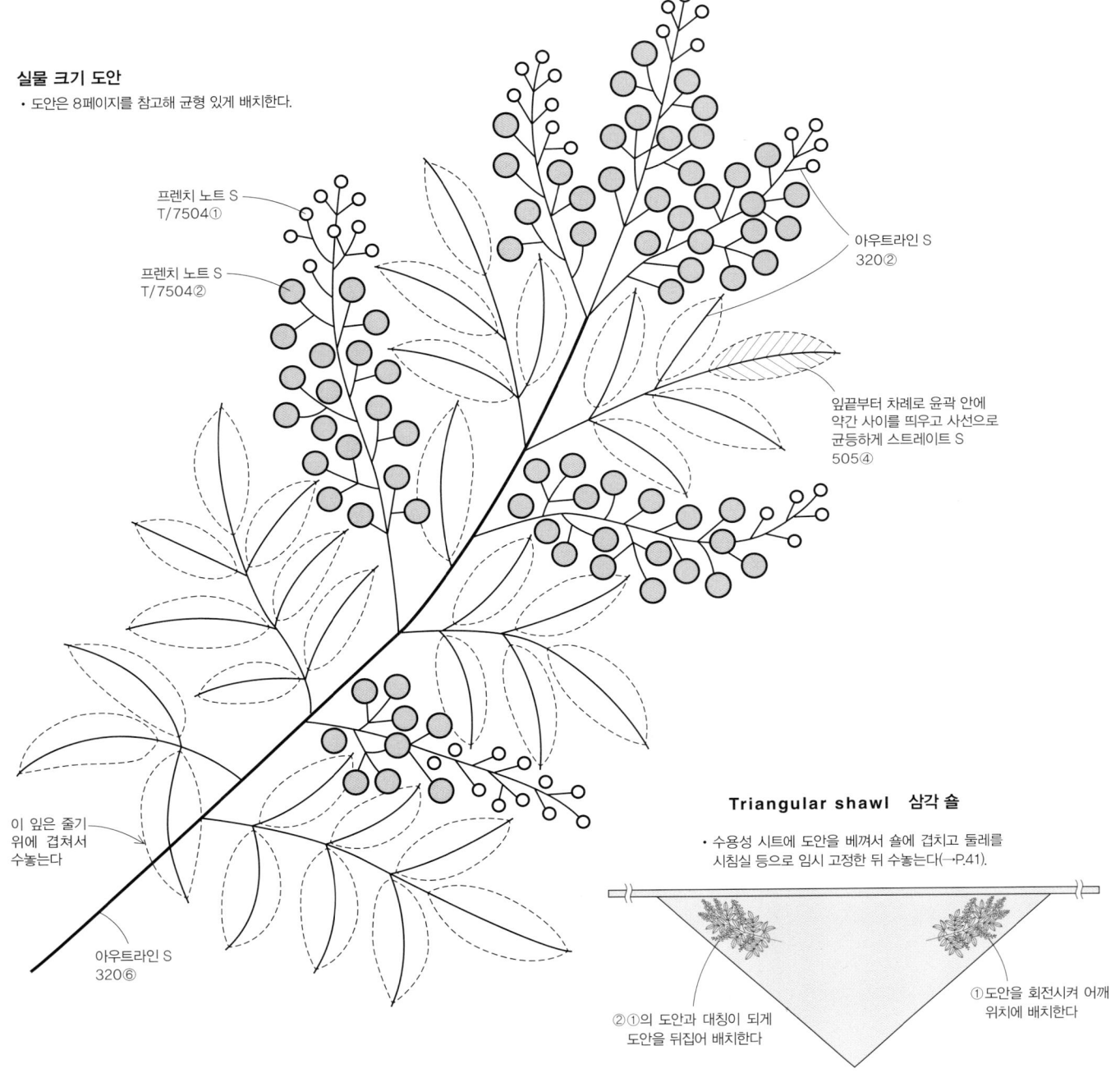

프렌치 노트 S
T/7504①

프렌치 노트 S
T/7504②

아우트라인 S
320②

잎끝부터 차례로 윤곽 안에 약간 사이를 띄우고 사선으로 균등하게 스트레이트 S
505④

이 잎은 줄기 위에 겹쳐서 수놓는다

아우트라인 S
320⑥

Triangular shawl 삼각 숄
· 수용성 시트에 도안을 베껴서 숄에 겹치고 둘레를 시침실 등으로 임시 고정한 뒤 수놓는다(→P.41).

②①의 도안과 대칭이 되게 도안을 뒤집어 배치한다

①도안을 회전시켜 어깨 위치에 배치한다

Vintage flower pattern Photo P.16
빈티지 플라워 패턴

재료

실 :

DMC 태피스트리 울실
7398(딥그린)·7500(라이트베이지)·7702(에메랄드그린)·7739(크림) 각 1타래

DMC 25번 자수실
839(갈색)·3045(옐로오커) 각 1타래

실물 크기 도안
- 점선 부분을 겹치고 도안을 반복해 베낀다.
- 지정한 것 외에는 스트레이트 S.

T/7500②

프렌치 노트 S로 메우기
3045⑥

아우트라인 S
839④

T/7739①

새틴 S
T/7398①

프렌치 노트 S로 메우기
3045⑥

T/7702②

롱 앤드 쇼트 S
T/7500①

아우트라인 S
839④

프렌치 노트 S
T/7739①

Flower bed Photo P.10
화단

재료
실 :
애플톤 크루웰 울실
204(라이트 새먼핑크)·206(새먼핑크)·866(레드오렌지)·964(그레이)·991(흰색) 각 1타래
DMC 25번 자수실
991(에메랄드그린)·3816(라이트에메랄드그린) 각 1타래

실물 크기 도안
- 점선 부분을 겹치고 도안을 반복해 베낀다.
- 지정한 것 외에는 롱 앤드 쇼트 S.

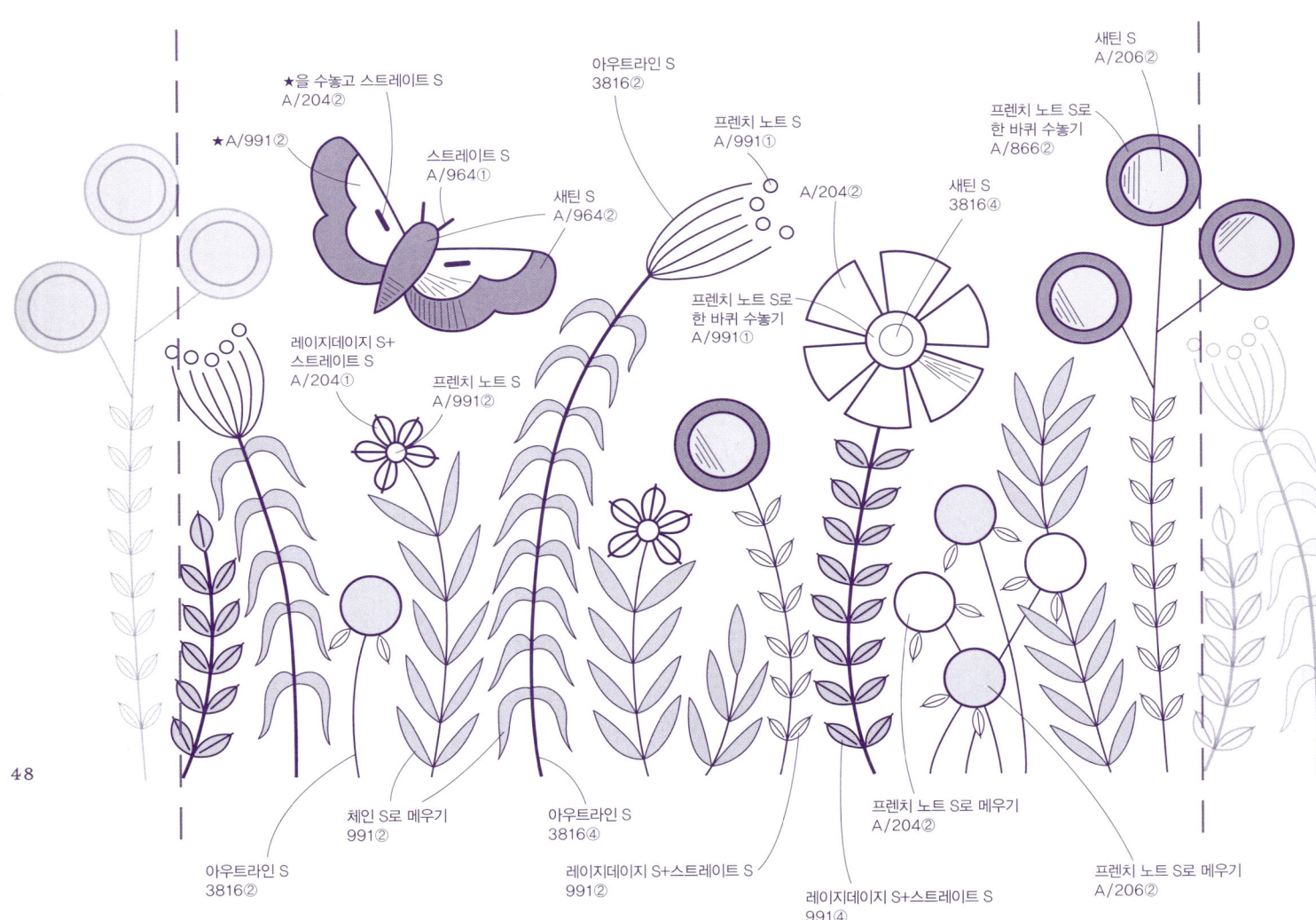

Flower rhythm Photo P.11
플라워 리듬

재료
실 :
DMC 태피스트리 울실
7127(적갈색) 1타래
DMC 25번 자수실
500(다크그린)·561(에메랄드그린) 각 1타래

실물 크기 도안
· 점선 부분을 겹치고 도안을 반복해 베낀다.

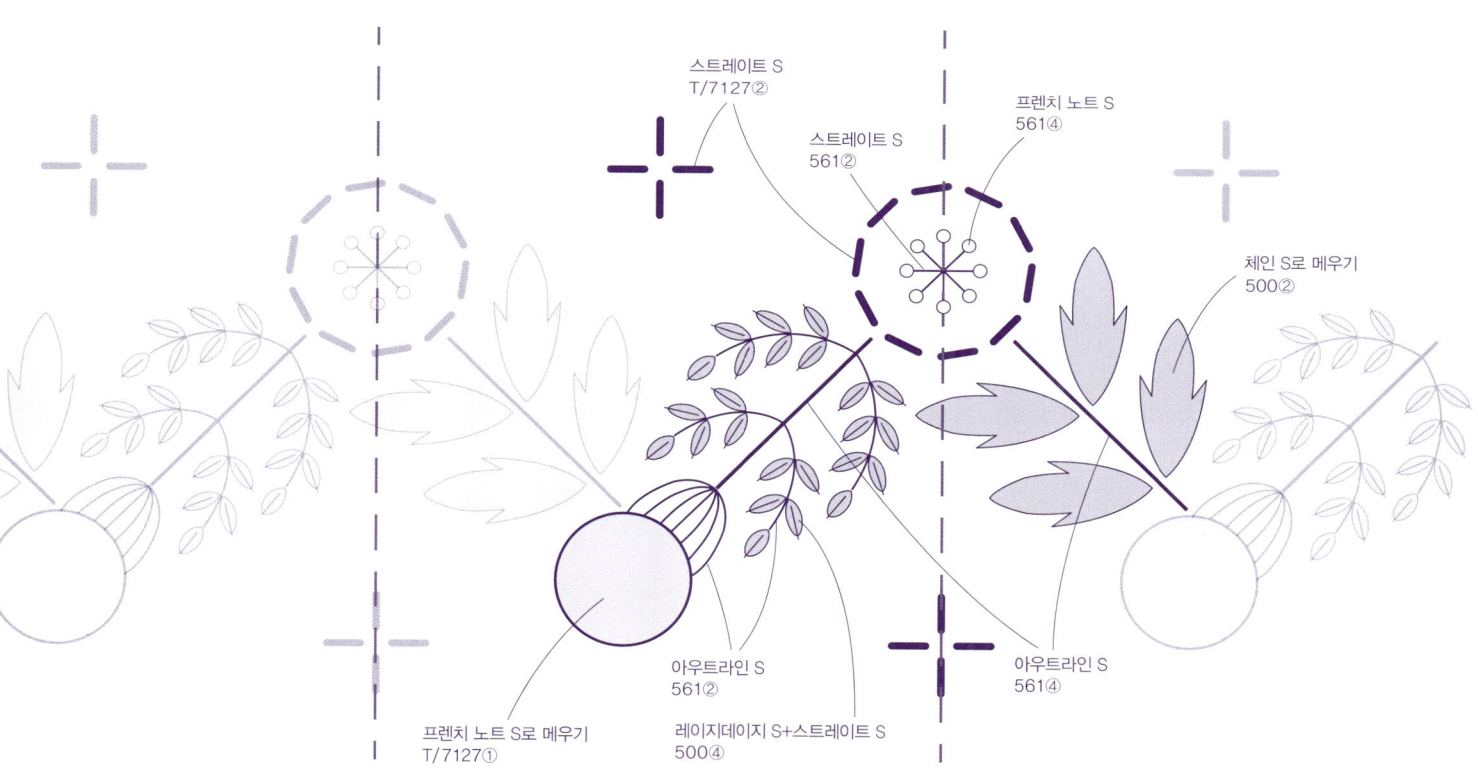

Butterfly Photo P.12
나비

재료
실 :
애플톤 크루웰 울실
477(오렌지)·743(블루)·844(옐로)·921(블루그레이)·991(흰색)·993(검은색) 각 1타래
DMC 25번 자수실
310(검은색)·3866(오프화이트) 각 1타래

Beret Photo P.13
베레모

완성 크기 여자 M

재료
실 :
애플톤 크루웰 울실
844(옐로)·991(흰색)·993(검은색) 각 1타래
DMC 25번 자수실
310(검은색)·3866(흰색) 각 1타래
기타 :
펠트 베레모(베이지), 수용성 시트(→P.39), 시침실 적당량

* 도안을 베끼기 어렵다면 수용성 시트에 도안을 베낀 뒤 자른다. 그다음 베레모에 겹치고 둘레를 시침실 등으로 임시 고정한 뒤 수놓는다(→P.41).
* 베레모를 자수틀에 끼울 수 없다면 손가락 사이에 끼워서 수놓는다.

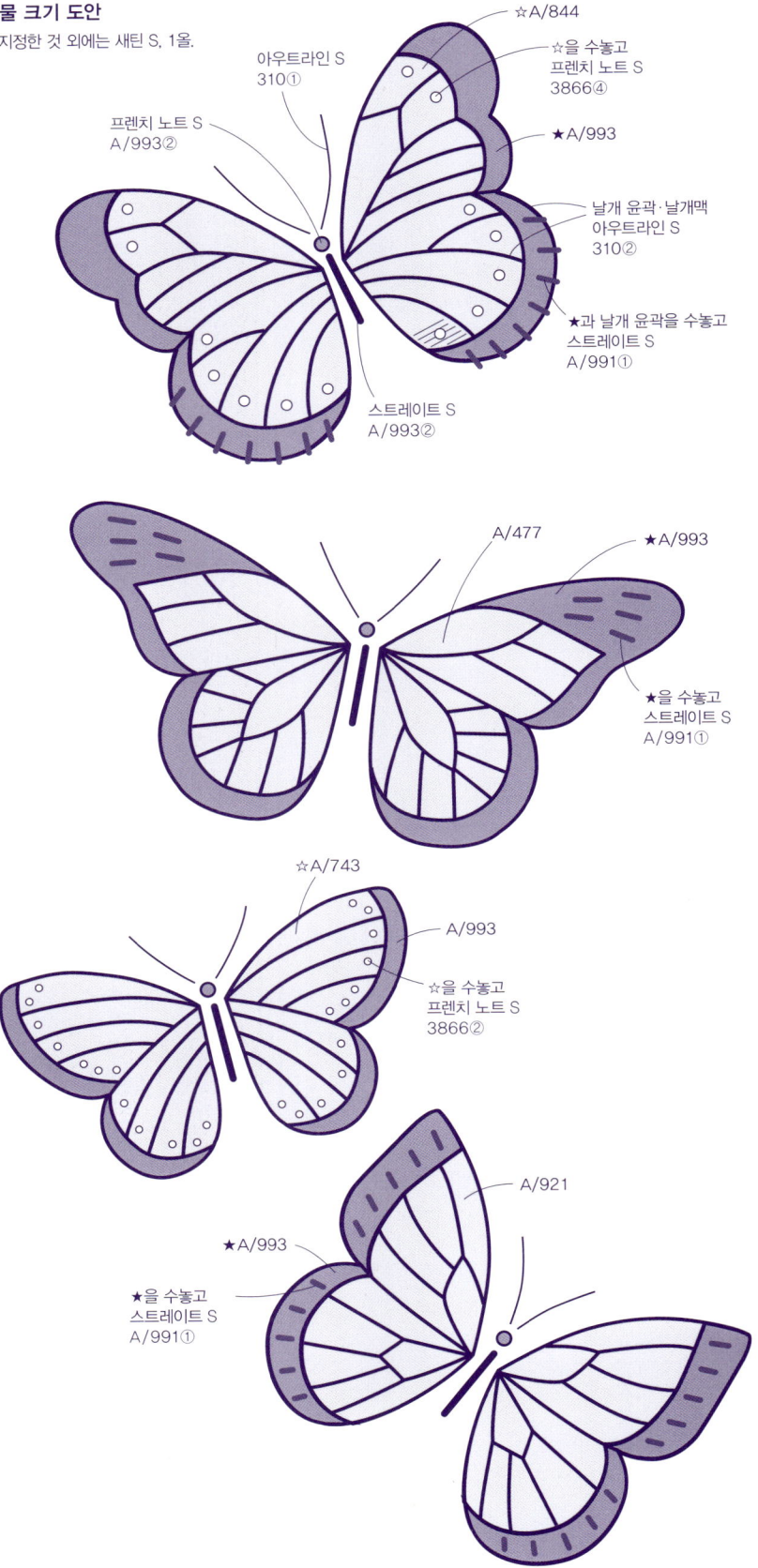

실물 크기 도안
• 지정한 것 외에는 새틴 S, 1올.

Flower river Photo P.29
플라워 리버 리본

완성 크기 폭 약 6×길이 약 98cm

재료
실 :
<u>애플톤 크루웰 울실</u>
644(라이트그린)·834(그린)·843(옐로)·863(오렌지)·866(레드오렌지)·941(라이트핑크)·946(핑크)·948(연지색)·964(그레이)·991(흰색) 각 1타래
<u>DMC 25번 자수실</u>
500(딥그린) 1타래
기타 :
리넨 리본(베이지) 폭 6×98cm

실물 크기 도안
· 점선 부분을 겹치고 도안을 반복해 베낀다.
· 지정한 것 외에는 아우트라인 S, 500⑥.

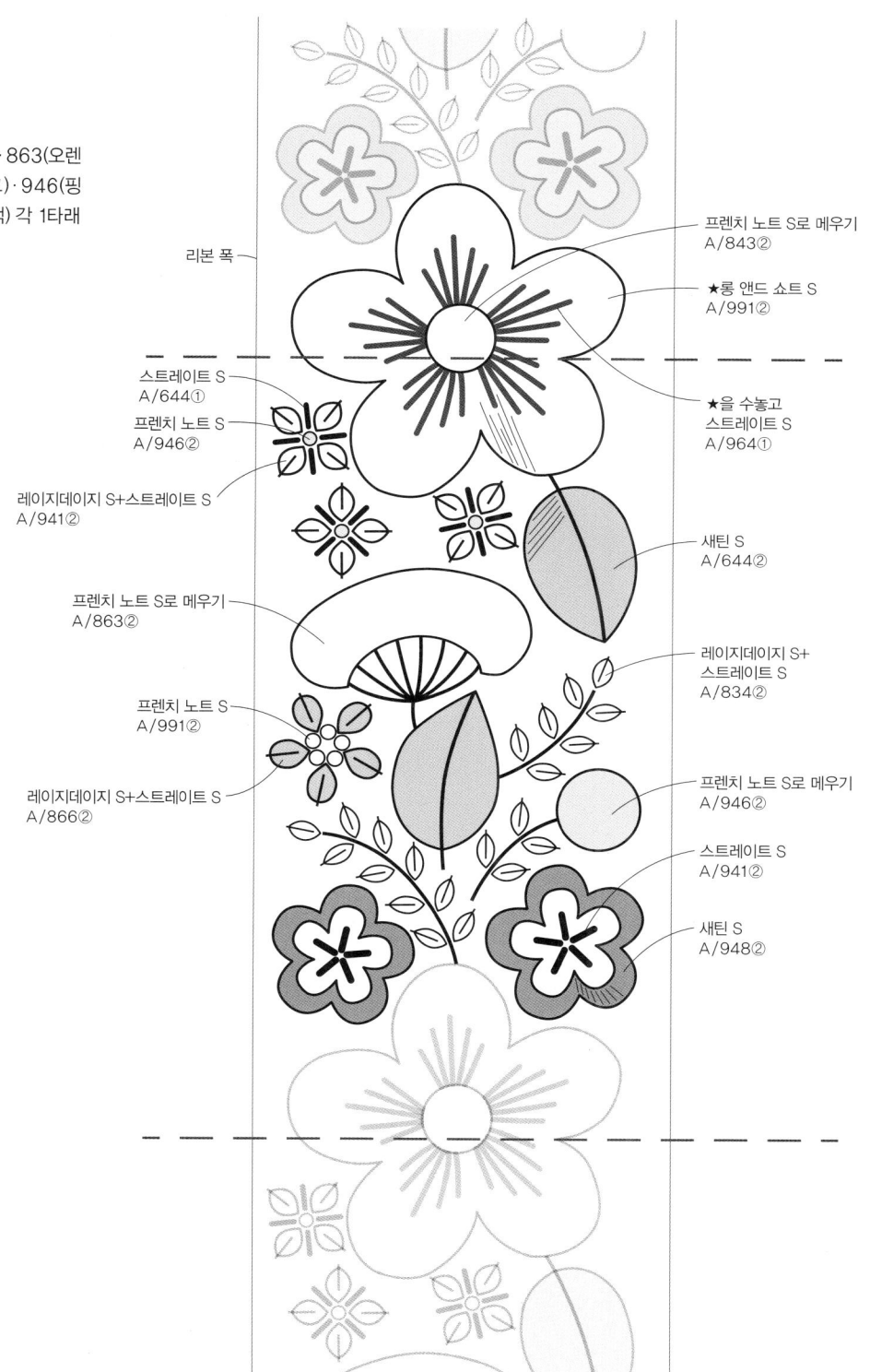

Thistle wreath Photo P.14
엉겅퀴 리스

재료
실 :
DMC 태피스트리 울실
707(마젠타)·708(적자색)·7251(라이트핑크)·7702(그린) 각 1타래
DMC 25번 자수실
319(비리디언)·3363(그라스그린) 각 1타래

* 2022년 12월 DMC 태피스트리 울실 707(마젠타)·708(적자색)이 새롭게 출시되었습니다.

실물 크기 도안

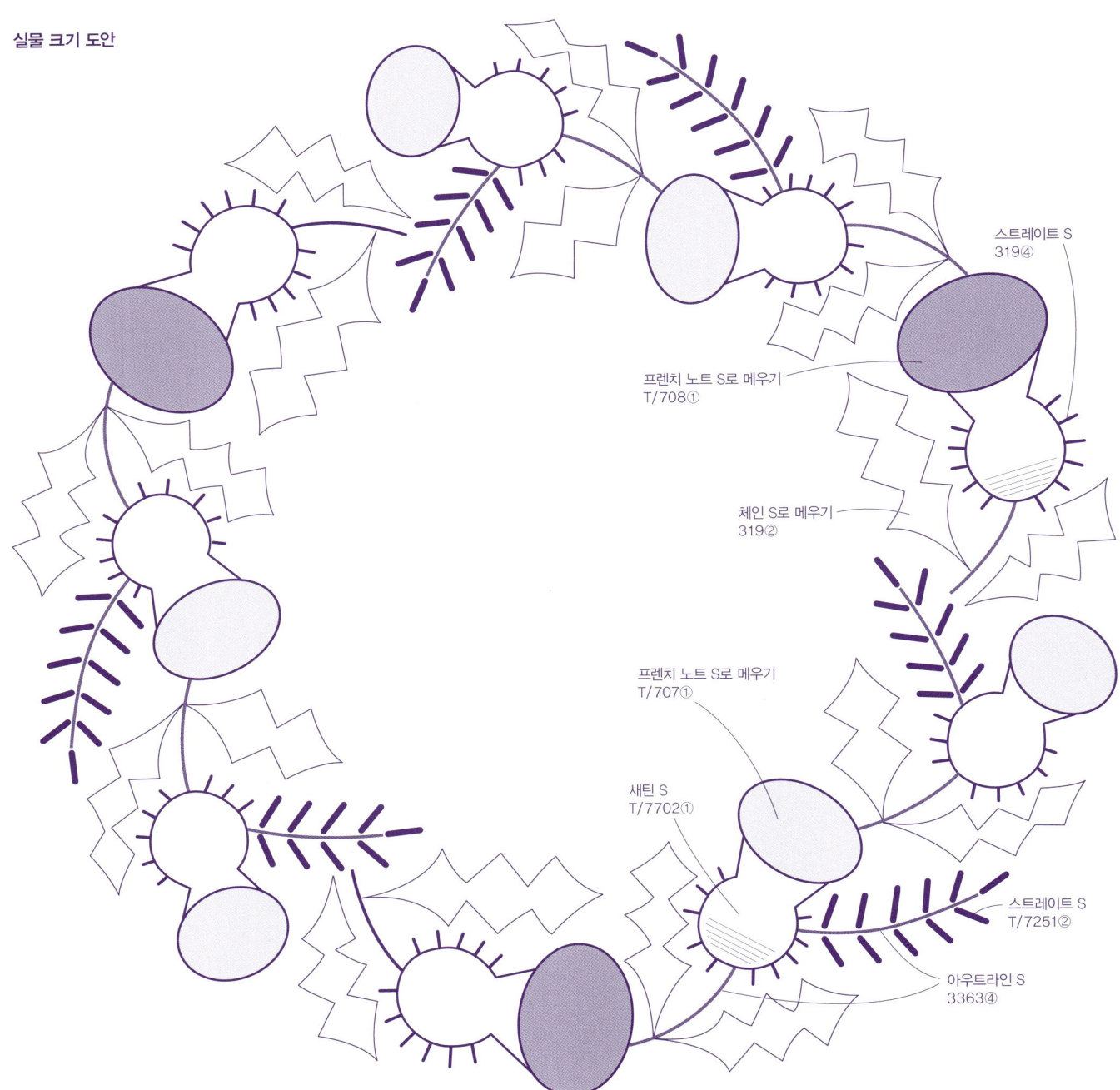

스트레이트 S
319④

프렌치 노트 S로 메우기
T/708①

체인 S로 메우기
319②

프렌치 노트 S로 메우기
T/707①

새틴 S
T/7702①

스트레이트 S
T/7251②

아우트라인 S
3363④

Poppy Photo P.19
포피 자수틀 오너먼트

재료

천 : 리넨(크림) 35×35cm

실 :

애플톤 크루웰 울실

181(라이트핑크) · 206(새먼핑크) · 311(옐로) · 331(크림옐로) · 477(오렌지) · 602(담자색) · 991(흰색) 각 1타래

DMC 25번 자수실

320(라이트그린) · 918(적갈색) 각 1타래, 561(에메랄드그린) 2타래

기타

자수틀 바깥지름 19.5cm×1개, 펠트(갈색) 15×15cm, 봉제실(갈색) 적당량

실물 크기 도안
- 지정한 것 외에는 롱 앤 쇼트 S, 2올.

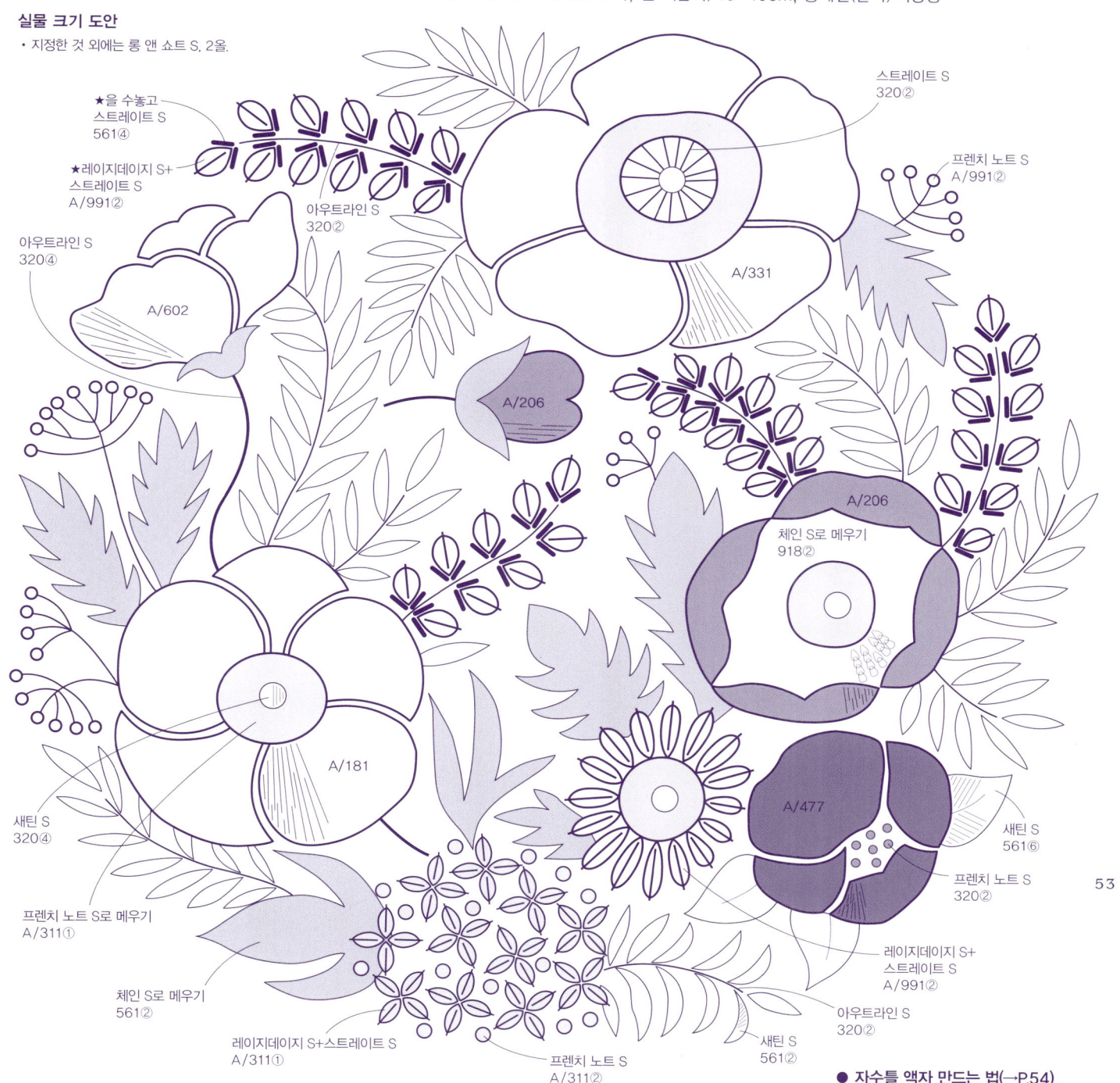

● 자수틀 액자 만드는 법(→P.54)

Pot mat Photo P.15
포트 매트

완성 크기 지름 약 21cm

재료
천 : 리넨(흰색) 30×30cm 2장
실 : Thistle wreath(→P.52)
기타 : 재봉실(흰색) 적당량

치수도
• 시접은 1cm.

만드는 법
①겉감 1장에 도안(→P.52)을 베끼고 치수도를 참고해 완성선을 그린다.
②도안을 수놓고 다리미로 정돈한다.
③지정 시접을 두어 겉감 2장을 재단한다.

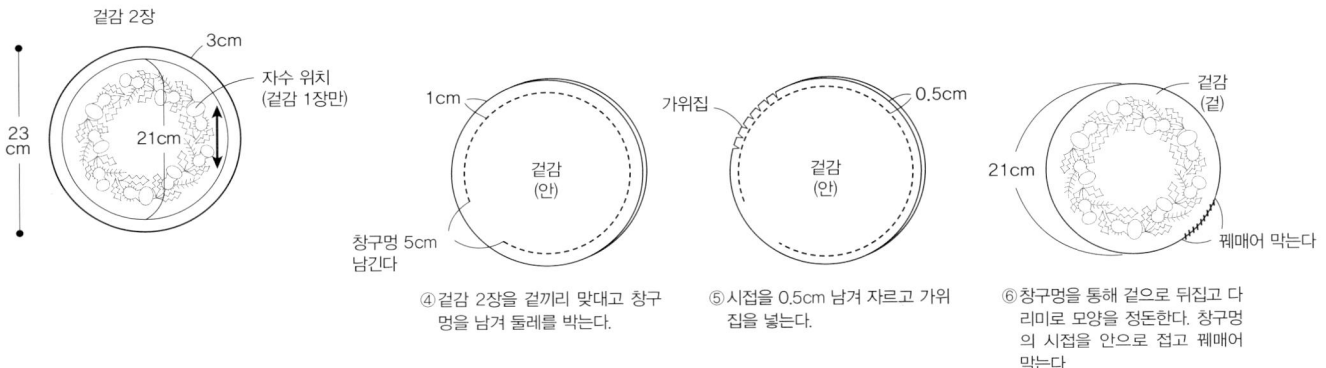

④겉감 2장을 겉끼리 맞대고 창구멍을 남겨 둘레를 박는다.
⑤시접을 0.5cm 남겨 자르고 가위집을 넣는다.
⑥창구멍을 통해 겉으로 뒤집고 다리미로 모양을 정돈한다. 창구멍의 시접을 안으로 접고 꿰매어 막는다.

자수틀 액자 만드는 법

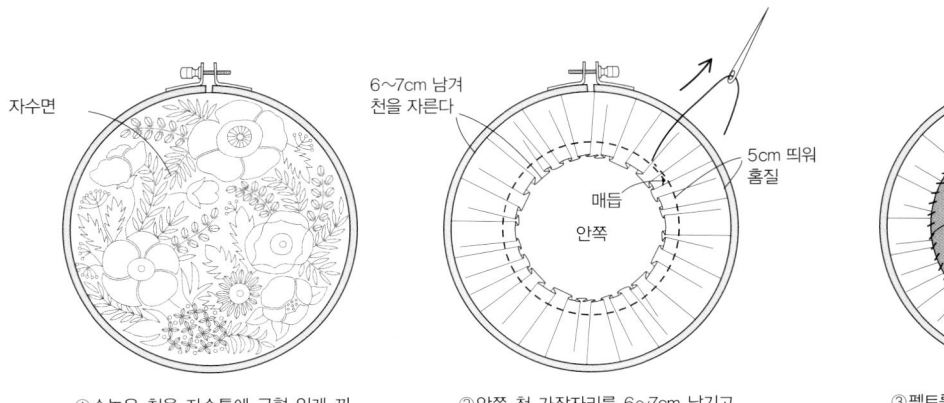
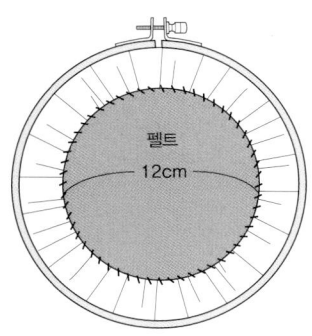

①수놓은 천을 자수틀에 균형 있게 끼운다.
②안쪽 천 가장자리를 6~7cm 남기고 자른다. 자수면에서 5cm쯤 되는 위치를 봉제실로 홈질하고 실을 당겨 조인다. 마지막은 약간 겹쳐서 꿰매고 매듭짓는다.
③펠트를 지름 12cm의 원형으로 자르고 홈질이 보이지 않게 위에 겹친 뒤 봉제실로 감친다.

Classical flower Photo P.28
클래시컬 플라워 자수틀 오너먼트

재료
천 :
리넨(물색) 35×35cm
실 :
DMC 태피스트리 울실
ECRU(에크뤼)·7194(핑크)·7221(라이트핑크)·7398(딥그린)·7540(그린)·7758(다크핑크)
 각 1타래
DMC 25번 자수실
733(머스터드)·890(그린)·3363(그라스그린)·3790(갈색) 각 1타래
기타 :
자수틀 바깥지름 19.5cm×1개, 펠트(블루그레이) 15×15cm, 봉제실(블루그레이) 적당량

실물 크기 도안
- 태피스트리 울실은 모두 1올.
- 지정한 것 외에는 롱 앤 쇼트 S.

● 자수틀 액자 만드는 법(→P.54)

Tile pattern Photo P.17
타일 패턴 핀 쿠션

완성 크기 가로 약 9×세로 약 9cm

재료
천(1개 분량) :
겉감 앞면용 리넨(a·c 남색, b 흰색) 20×20cm 1장
겉감 뒷면용 리넨(a·c 남색, b 흰색) 11×11cm 1장
실 :
<u>애플톤 크루웰 울실</u>
a·c 991(흰색), b 749(남색) 각 1타래
<u>DMC 25번 자수실</u>
a·c 3866(흰색), b 336(남색) 각 1타래
기타 :
수예용 솜 적당량, 재봉실(a·c 남색, b 흰색) 적당량

실물 크기 도안
• 애플톤 크루웰 울실은 모두 2올.

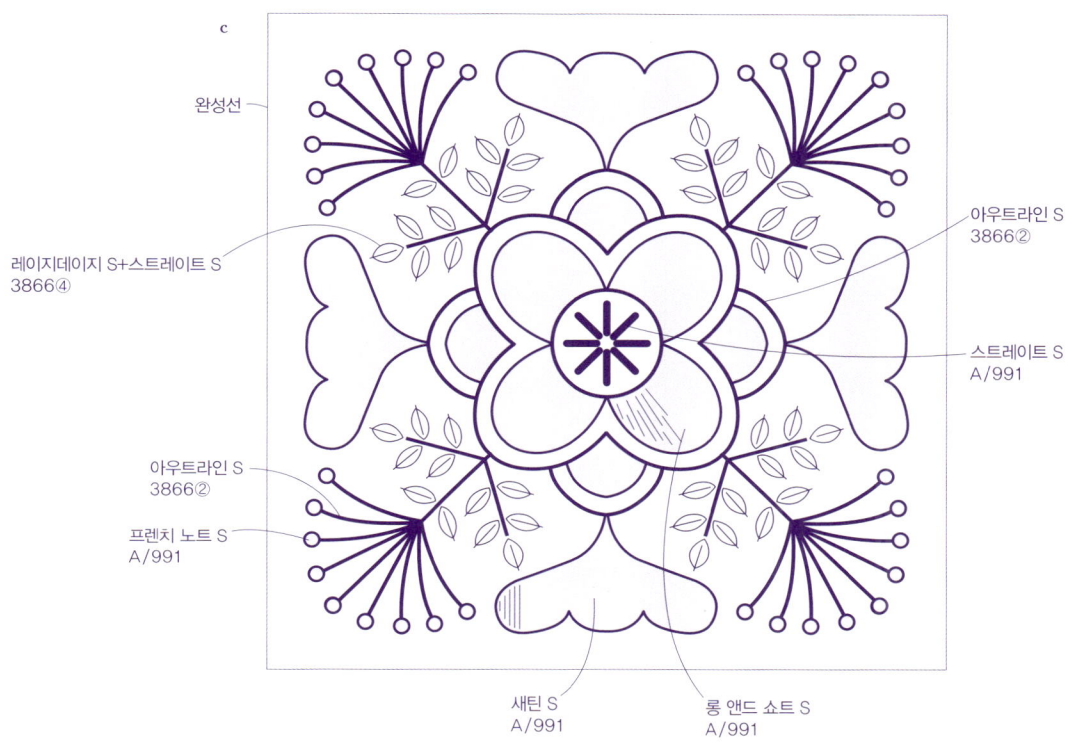

치수도

- 시접은 모두 1cm.

만드는 법

① 20×20cm로 넉넉하게 재단한 앞면에 도안을 배치하고 베낀다.
② 도안을 수놓고 다리미로 정돈한다.
③ 치수도를 참고해 시접을 두어 본 재단을 한다. 뒷면도 똑같이 재단한다.

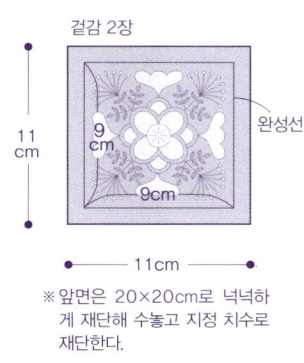

※ 앞면은 20×20cm로 넉넉하게 재단해 수놓고 지정 치수로 재단한다.

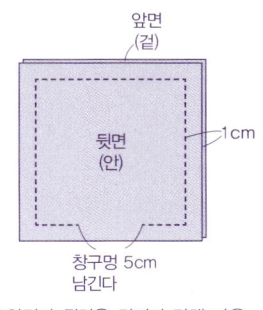

④ 앞면과 뒷면을 겉끼리 맞댄 다음 창구멍을 남겨 둘레를 박는다.

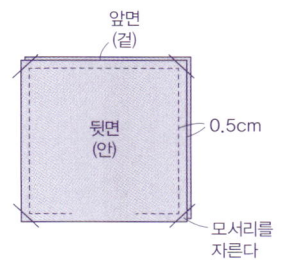

⑤ 시접을 0.5cm 남기고 자른다. 모서리 시접을 약간 자른다.

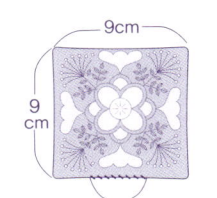

⑥ 창구멍을 통해 겉으로 뒤집고 다리미로 모양을 정돈한 다음 창구멍으로 수예용 솜을 넣는다. 창구멍의 시접을 안으로 접고 꿰매어 막는다.

Dandelion Photo P.20
민들레

재료
실 :
DMC 태피스트리 울실
7385(그린)·7473(옐로) 각 1타래
DMC 25번 자수실
18(옐로)·3364(라이트그린) 각 1타래

실물 크기 도안
• 도안은 20페이지를 참고해 균형 있게 배치한다.

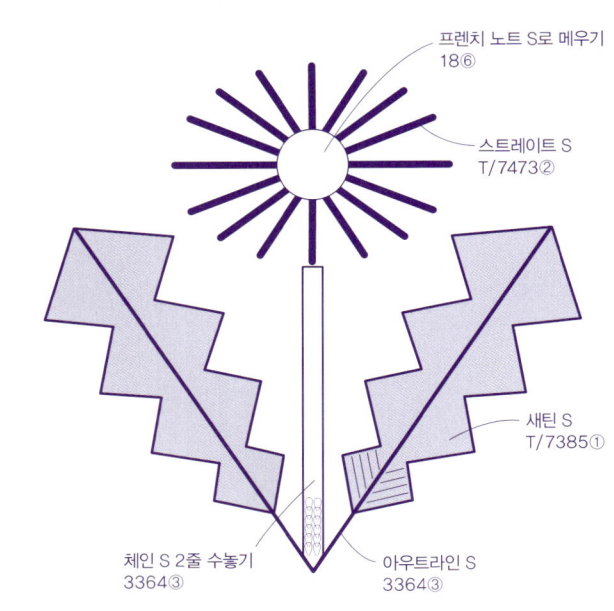

Funny flower pattern Photo P.25
재미있는 꽃 패턴

재료
실 :
애플톤 크루웰 울실
528(에메랄드 그린)·753(핑크)·863(오렌지)·866(레드 오렌지)·946(마젠타)·991(흰색) 각 1타래
DMC 25번 자수실
3813(라이트그린) 각 1타래

실물 크기 도안
• 도안은 25페이지를 참고해 균형 있게 배치한다.

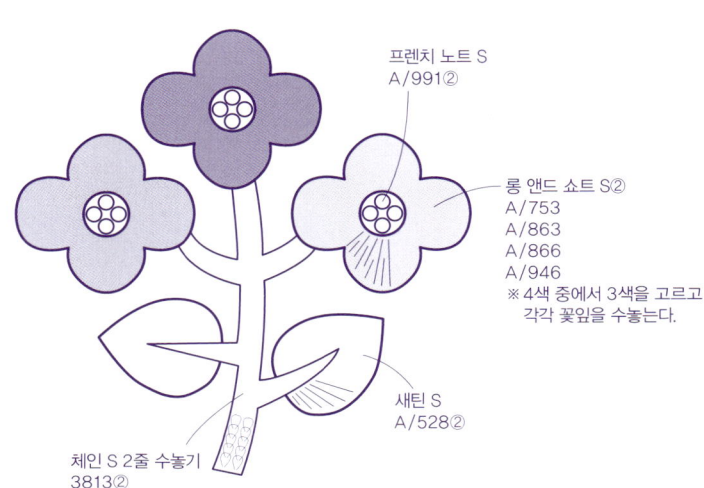

Modern flower Photo P.21
모던 플라워 베이비 니트

완성 크기 아기(3~6개월)

재료

실 :
DMC 태피스트리 울실
7010(새먼핑크)·7121(라이트핑크)·7385(그린)·7404(라이트그린)·7500(라이트베이지)·7518(마롱) 각 1타래
DMC 25번 자수실
356(새먼핑크)·986(그린) 각 1타래
기타 :
3~6개월 아기용 니트 카디건(오프화이트), 수용성 시트(→P.39), 시침실 적당량
＊수용성 시트에 도안을 베끼고 자른다. 그다음 아기용 니트의 원하는 위치에 겹치고 둘레를 시침실 등으로 임시 고정한 다음 수놓는다(→P.41).

실물 크기 도안
・지정한 것 외에는 롱 앤드 쇼트 S, 1올.

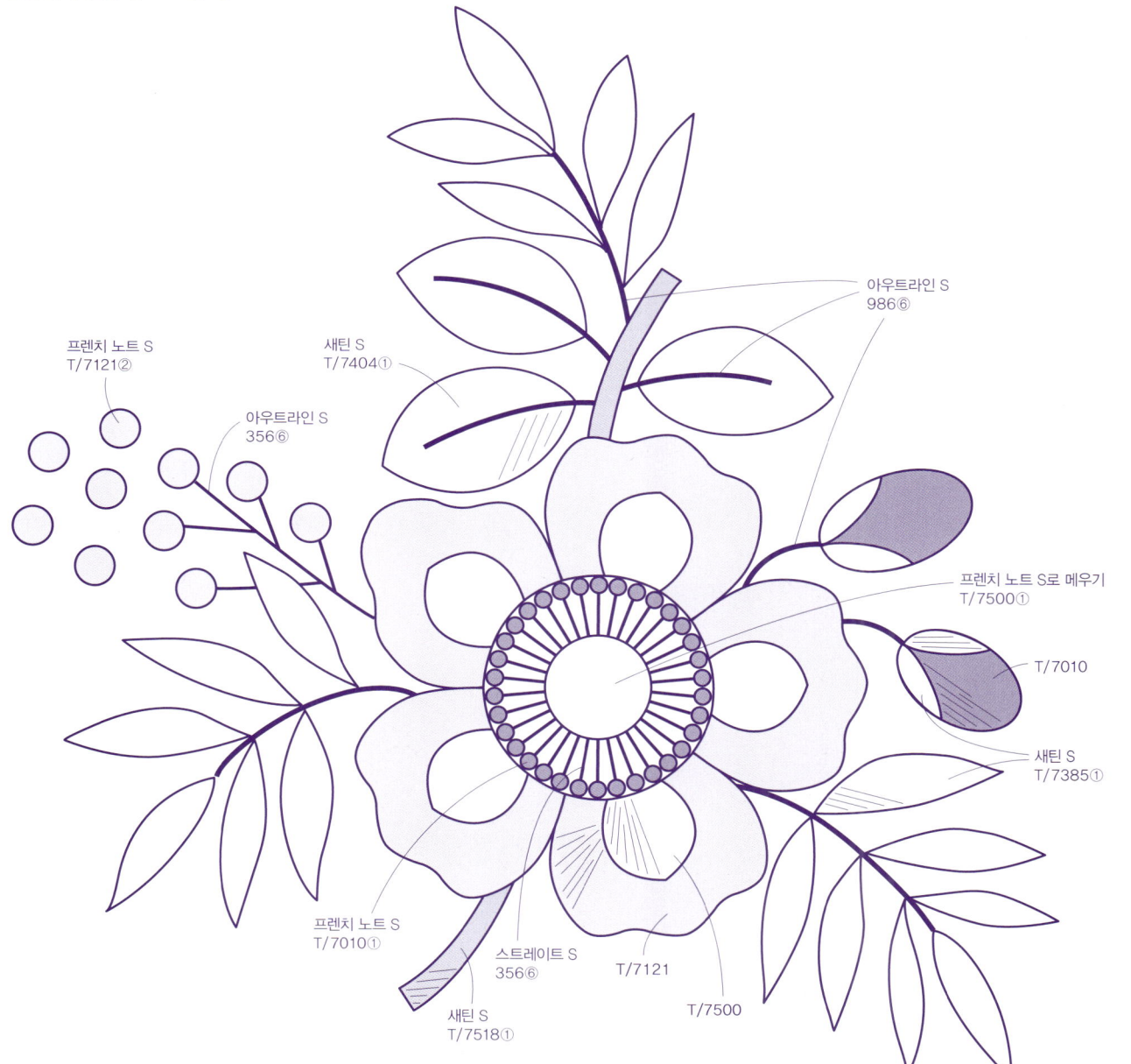

실물 크기 도안

- ▲는 롱 앤드 쇼트 S, 2올.
- ★은 새틴 S.
- △는 프렌치 노트 S.

Pressed flowers Photo P.22
압화

재료
실 :
애플톤 크루웰 울실
105(청자색)·106(짙은 청자색)·311(옐로)·603(담자색)·605(보라색)·741(물색)·834(그린)·991(흰색) 각 1타래
DMC 25번 자수실
505(그린) 1타래

치수도
· 시접은 지정한 것 외에는 1cm.
· 접음선과 손잡이 다는 위치에 표시해둔다.

겉감·안감 각 1장

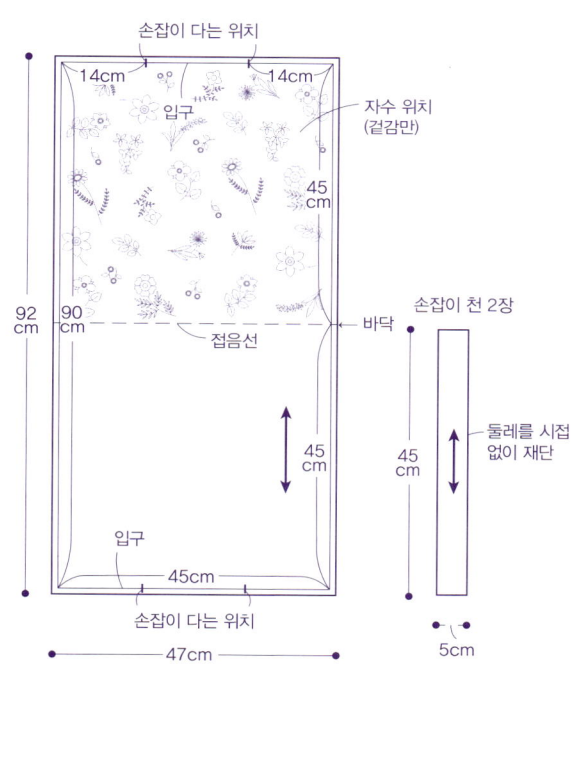

Big bag Photo P.23
큰 가방

완성 크기 가로 약 45×세로 약 45cm(손잡이 제외)

재료
천 :
겉감·손잡이 천용 리넨(검은색) 55×95cm
안감용 리넨(남색) 50×95cm
실 : Pressed flowers(→P.61)
기타 : 재봉실(검은색) 적당량

만드는 법
① 겉감에 도안(→P.60)을 베끼고 치수도를 참고해 완성선을 그린다. 도안은 균형 있게 배치하고 완성선은 시침실 등으로 표시해둔다.
② 도안을 수놓고 다리미로 정돈한다.
③ 지정 시접을 두어 겉감과 안감을 각각 재단한다. 손잡이는 시접을 두지 않고 지정 치수대로 재단한다.

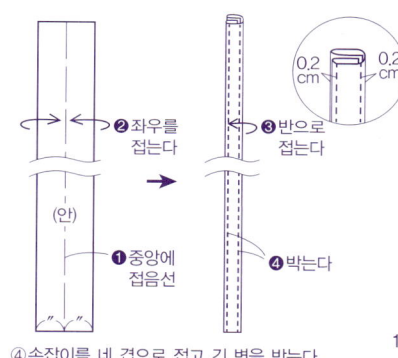

④ 손잡이를 네 겹으로 접고 긴 변을 박는다. 나머지 손잡이도 똑같이 박는다.

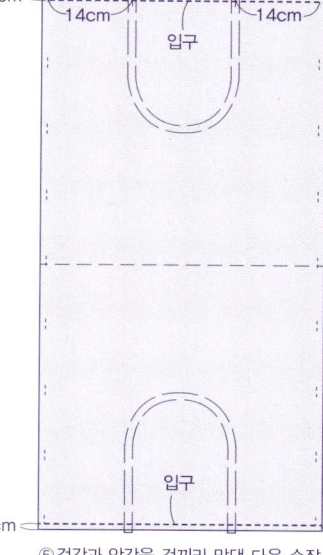

⑤ 겉감과 안감을 겉끼리 맞댄 다음 손잡이를 끼워서 입구를 박는다. 시접은 다리미로 가른다.

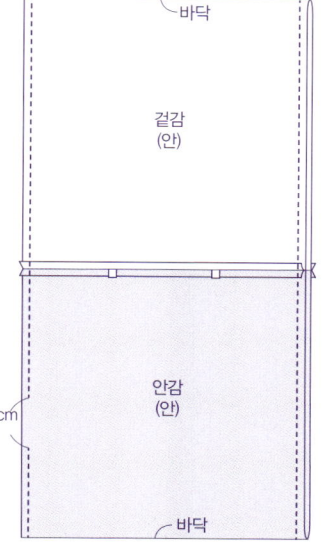

⑥ 겉감과 안감을 각각 바닥에서 반으로 접고 창구멍을 남긴 다음 양옆을 박는다. 시침실은 제거한다.

⑦ 창구멍을 통해 겉으로 뒤집고 다리미로 모양을 정돈한다. 창구멍의 시접을 안으로 접고 꿰매어 막는다.

실물 크기 도안
- 지정한 것 외에는 롱 앤드 쇼트 S, 2올.

아우트라인 S
733①

A/181

새틴 S
A/835②

아우트라인 S
319③

아우트라인 S
3363④

새틴 S
A/833②

아우트라인 S
3363②

레이지데이지 S+스트레이트 S
3363④

프렌치 노트 S로 메우기
733⑥

새틴 S
733⑥

★을 수놓고
스트레이트 S
A/181②

☆을 수놓고
프렌치 노트 S
A/310⑥

★A/562

A/564

A/566

아우트라인 S
319②

아우트라인 S
3363⑥

☆아우트라인 S로 메우기
A/641①

새틴 S
A/833②

잎의 가지를 수놓고
아우트라인 S 733⑥

아우트라인 S
A/641①

프렌치 노트 S로 메우기
A/181②

프렌치 노트 S
733⑥

아우트라인 S
3363④

새틴 S
A/181②

A/995

A/944

새틴 S
A/181②

아우트라인 S
3363④

A/995

새틴 S
A/833②

새틴 S
A/641②

62

Bird paradise Photo P.24
새의 낙원

재료
실 :
애플톤 크루웰 울실
181(라이트핑크)·562(연한 물색)·564(물색)·566(파랑)·641(라이트그린)·833(그린)·835(다크그린)·944(핑크)·995(빨강) 각 1타래
DMC 25번 자수실
319(비리디언)·733(머스터드)·3363(그라스그린) 각 1타래

Small berries Photo P.30
작은 베리 열매

재료
실 :
애플톤 크루웰 울실
833(그린)·991(흰색) 각 1타래
DMC 25번 자수실
08(암갈색) 1타래

실물 크기 도안
• 도안은 30페이지를 참고해 균형 있게 배치한다.

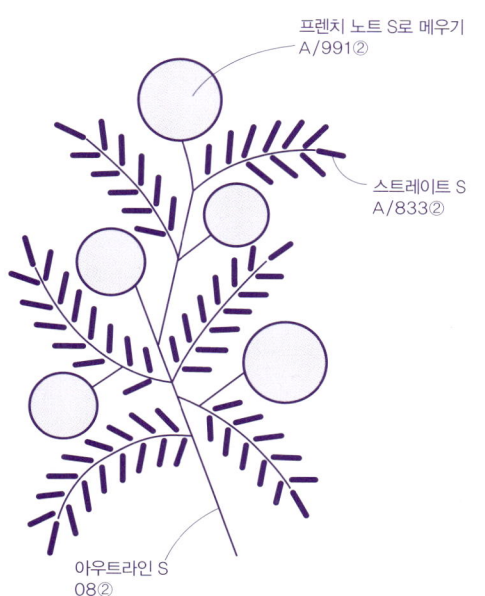

프렌치 노트 S로 메우기
A/991②

스트레이트 S
A/833②

아우트라인 S
08②

Stall Photo P.31
스톨

완성 크기 폭 약 104×길이 약 120cm(프린지 제외)

재료
실 :
Small berries(→P.63)
기타 :
울 스톨(아이보리), 수용성 시트(→P.39), 시침실 적당량

Stall 스톨
• 수용성 시트에 도안을 베껴서 자른 다음 스톨에 무작위로 배치하고 둘레를 시침실 등으로 임시 고정한 뒤 수놓는다(→P.41).

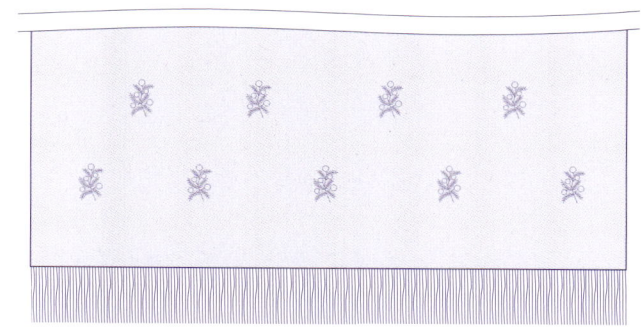

Pansy Photo P.26
팬지

재료
실 :
DMC 태피스트리 울실
7022(보라색)·7023(농자색)·7244(담자색)·7284(물색)·7307(남색)·7510(연회색)·7540(그린)·7555(블루그레이)·7739(크림) 각 1타래
DMC 25번 자수실
3347(황록색) 1타래

실물 크기 도안
- 지정한 것 외에는 롱 앤드 쇼트 S, 1올.

Tote bag Photo P.27
토트백

완성 크기 가로 약 27×세로 약 33cm(손잡이 제외)

재료
천 :
겉감·손잡이 천용 리넨(흰색) 45×75cm
안감용 리넨(그레이) 35×75cm
실 : Pansy(→P.64)
기타 : 재봉실(흰색) 적당량

치수도
- 시접은 지정한 것 외에는 1cm.
- 접음선과 손잡이 다는 위치에 표시해둔다.

만드는 법
① 겉감에 도안(→P.64)을 베끼고 치수도를 참고해 완성선을 그린다. 완성선은 시침실 등으로 표시해둔다.
② 도안을 수놓고 다리미로 정돈한다.
③ 지정 시접을 두어 겉감과 안감을 각각 재단한다. 손잡이는 시접을 두지 않고 지정 치수대로 재단한다.
④ Big bag(→P.61 ④~⑦)을 참고해 만든다.

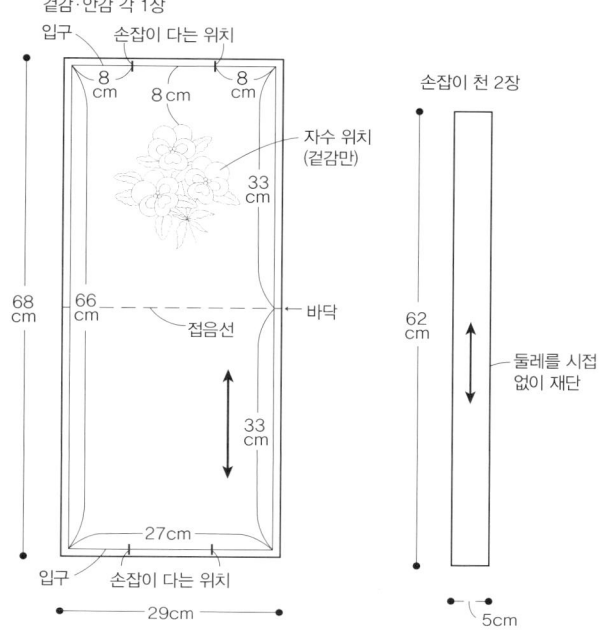
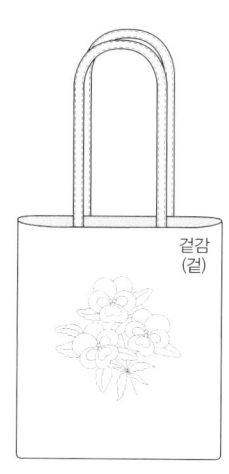

Cushion Photo P.18
쿠션

재료
천 : 리넨(검은색) 75×40cm
실 : Botanical garden(→P.44·45)
기타 : 시판 쿠션 솜 30×30cm 1개, 재봉실(검은색) 적당량

완성 크기 가로 약 30×세로 약 30cm

치수도
- ( ) 안은 시접.
- 접음선에 표시해둔다.

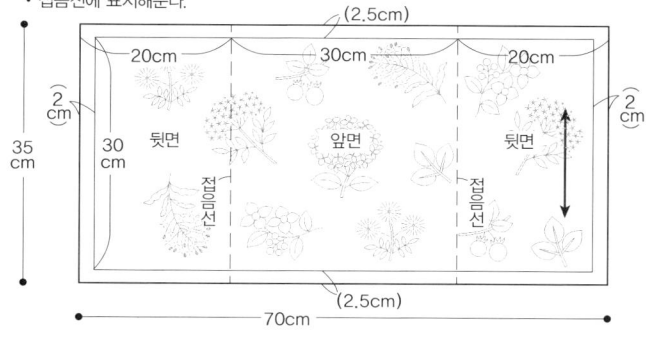

만드는 법
① 치수도를 참고해 천에 완성선을 그리고 도안(→P.44·45)을 균형 있게 배치한다.
② 도안을 수놓고 다리미로 정돈한 뒤 지정 시접을 두어 재단한다.

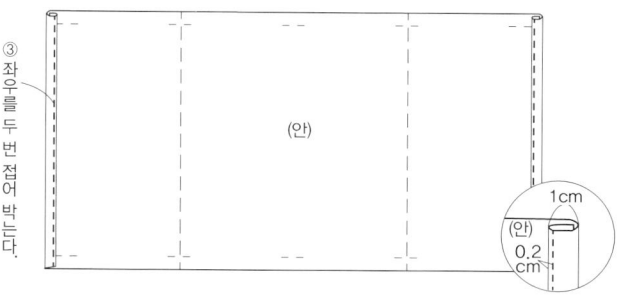

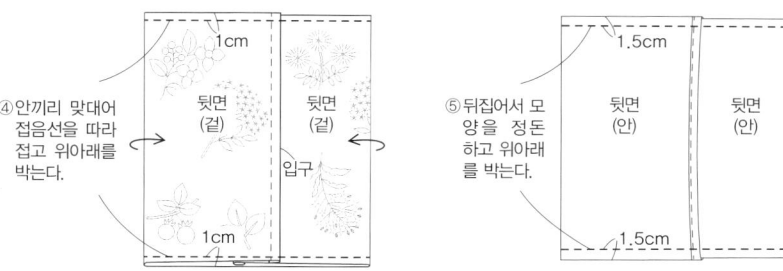

Christmas rose Photo P.36
크리스마스로즈

재료
실 :
DMC 태피스트리 울실
ECRU(에크뤼)·7327(터쿼이즈그린)·7329(모스그린)·7426(그라스그린)·7429(다크그린)·7510(연회색)·7583(황록색) 각 1타래
DMC 25번 자수실
500(다크그린)·647(라이트그린) 각 1타래

Skier Photo P.35
스키어

실 :
애플톤 크루웰 울실
296(다크그린)·356(올리브그린)·749(남색)·834(그린) 각 1타래
DMC 25번 자수실
02(라이트그레이)·535(그레이)·543(베이지)·611(샌드베이지)·3021(암갈색) 각 1타래

실물 크기 도안
- 지정한 것 외에는 새틴 S, 1올.

Mushroom Photo P.34
버섯 액자

완성 크기 가로 약 26×세로 약 30cm

재료
천 : 리넨(검은색) 35×30cm
실 :
애플톤 크루웰 울실
723(빨강)·976(암갈색)·983(다크베이지)·986(마롱) 각 1타래
DMC 25번 자수실
07(다크베이지)·895(다크그린)·3031(암갈색)·3866(오프화이트) 각 1타래
기타 : 액자 가로 약 26×세로 약 30cm 1개

실물 크기 도안
• 지정한 것 외에는 아웃트라인 S.

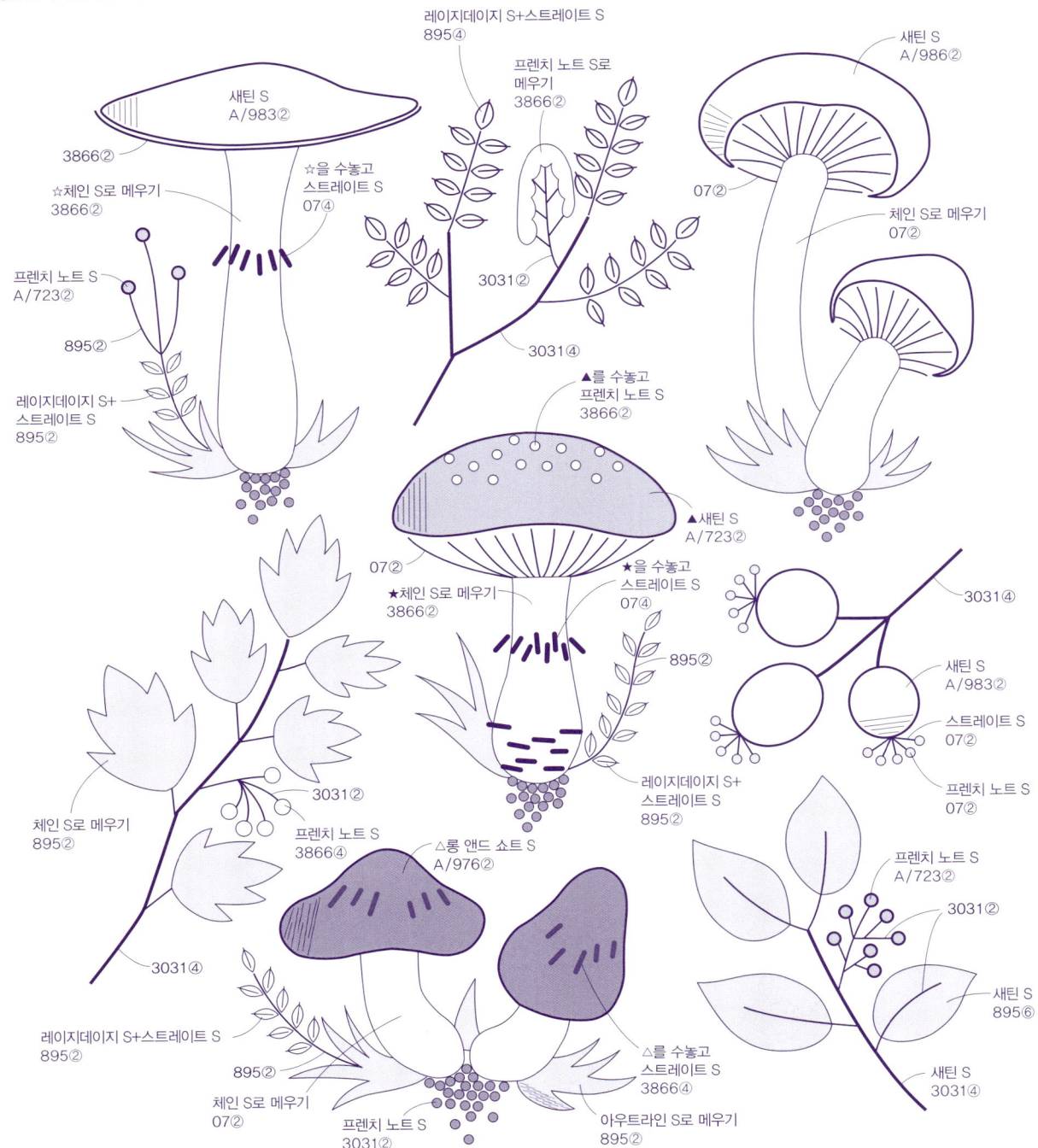

Christmas square botanical Photo P.37
크리스마스 스퀘어 보태니컬

재료
실 :

DMC 태피스트리 울실
ECRU(에크뤼)·7379(카키)·7406(라이트그린)·7429(다크그린)·7519(마롱)·7540(그린)·7583(황록색) 각 1타래

DMC 25번 자수실
505(그린)·610(담갈색)·647(라이트그린) 각 1타래

실물 크기 도안
• 지정한 것 외에는 새틴 S, 1올.

스티치 놓는 법

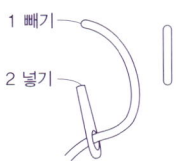

스트레이트 스티치

기본 스티치. 실의 올 수에 따라 느낌이 달라지며 울실로 수놓으면 도톰해지므로 꽃과 잎 등에 씁니다.

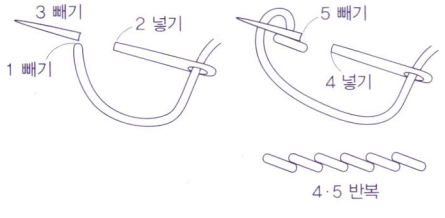

아웃라인 스티치

긴 선을 그릴 때 사용하는 스티치. 같은 바늘구멍으로 되돌리듯이 수놓습니다. 곡선 부분은 촘촘히 놓아야 매끄럽게 완성할 수 있습니다.

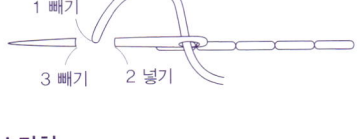

백 스티치

선을 수놓을 때 사용하는데 특히 자잘한 선을 표현하는 데 알맞습니다.

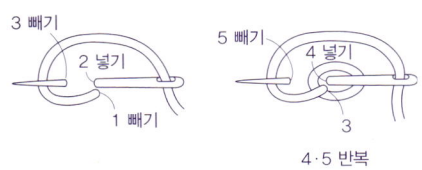

체인 스티치

사슬 모양 스티치. 선을 그리는 것은 물론 작은 면을 메울 때도 알맞습니다.

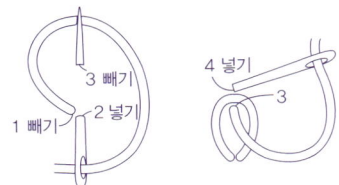

레이지데이지 스티치

꽃잎 등 작은 무늬에 씁니다.

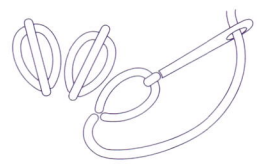

레이지데이지 스티치+스트레이트 스티치

레이지데이지 스티치를 덮듯이 스트레이트 스티치를 1~2회 겹칩니다. 볼륨이 있는 타원을 그릴 수 있으며 주로 잎과 열매 등에 씁니다

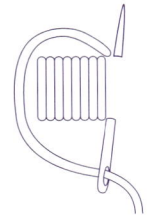

새틴 스티치

실을 수평으로 나열해 면을 메우는 스티치. 울실을 쓰면 손쉽게 놓을 수 있습니다.

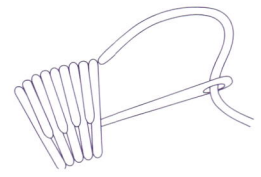

롱 앤드 쇼트 스티치

길고 짧은 스티치를 번갈아 놓아서 면을 메웁니다. 주로 부채형 꽃잎을 수놓을 때 씁니다.

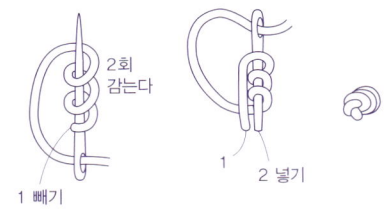

프렌치 노트 스티치

매듭을 만드는 스티치. 바늘에 실을 감고, 실을 빼낸 구멍에서 1mm 옆쪽에 바늘을 넣어 천을 통과합니다. 손가락으로 누르면서 실을 천천히 당깁니다.

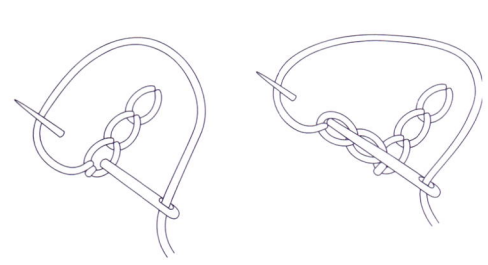

체인 스티치로 모서리 수놓기

체인 스티치는 모서리까지 오면 일단 마무리하고 각도를 바꿔서 다시 시작합니다.

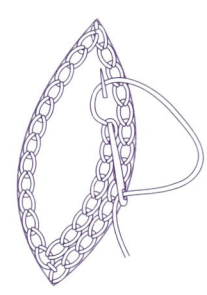

체인 스티치나 프렌치 노트 스티치로 면 메우기

도안의 윤곽선을 수놓고 안쪽을 메웁니다. 되도록 도안에서 삐져나오지 않게 놓는 것이 포인트입니다. 체인 스티치로 면을 메울 때는 틈이 생기지 않게 주의합니다.

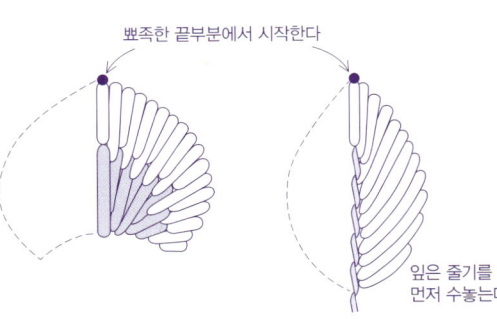

롱 앤드 쇼트 스티치나 새틴 스티치로 꽃과 잎을 예쁘게 수놓기

꽃잎은 중앙에서 좌우 끝을 향해 각각 방사형으로, 꽃 바깥쪽에서 안쪽을 향해 수놓습니다.

자수의 기본

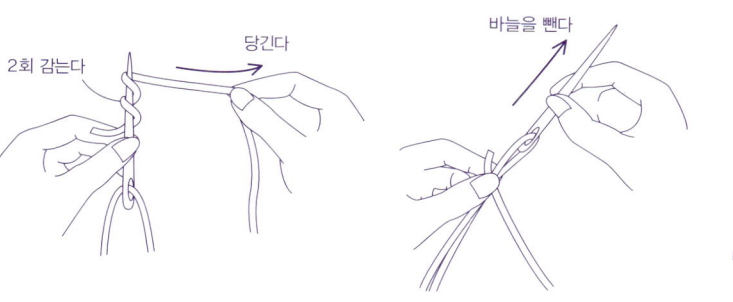

매듭짓는 법

자수는 실 끝에 매듭을 지으며 시작합니다. 먼저 실을 꿴 바늘을 잡고 바늘에 실 끝을 2회 감습니다. 그다음 감은 실을 손가락으로 누르면서 바늘을 빼내 매듭을 만듭니다.

자수 시작하기·끝내기

● 새틴 스티치나 롱 앤드 쇼트 스티치 등으로 면을 메울 때

자수 시작

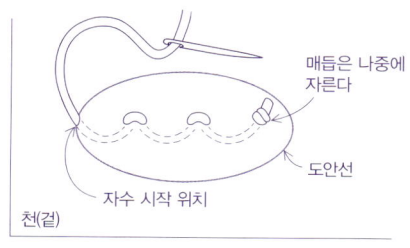

자수 시작 위치에서 약간 떨어진 도안선 안쪽에 작게 몇 땀 뜹니다. 그 바늘땀을 덮듯이 수놓다가 매듭이 가까워지면 매듭을 자릅니다.

자수 끝

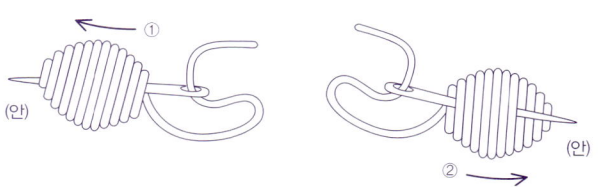

안면으로 실을 빼내 안에 걸쳐 있는 스티치에 실을 여러 번 끼우고 실 끝을 자릅니다.

● 체인 스티치나 아우트라인 스티치 등으로 선을 그릴 때

자수 시작

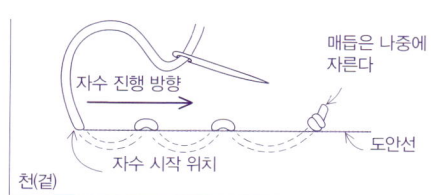

자수 시작 위치에서 약간 떨어진 도안선 위쪽에 작게 몇 땀 뜹니다. 그 바늘땀을 누르듯이 수놓다가 매듭이 가까워지면 매듭을 자릅니다.

자수 끝

안면으로 실을 빼내 안에 걸쳐 있는 스티치에 실을 여러 번 끼운 뒤 실 끝을 자릅니다.

● 실 바꾸기 등 안에 걸쳐 있는 스티치에 끼워서 시작할 때

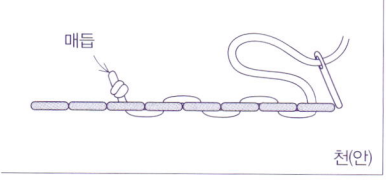

실 바꾸기 등으로 중간에 다시 시작할 때는 매듭지은 실을 안에 걸쳐 있는 스티치에 여러 번 끼우고 자수 시작 위치로 빼냅니다. 매듭은 나중에 자릅니다.

● 다림질하는 법

자수를 완성하면 먼저 표시한 도안을 지웁니다. 그다음 다리미판에 두툼한 수건을 깔고 작품을 뒤집어 올린 뒤 분무기로 물을 뿌려 부드럽게 다림질합니다. 천을 약간 당기면서 다리면 주름이 잘 펴집니다.

HIGUCHI YUMIKO WOOL SHISHU NO TANOSHIMI
© YUMIKO HIGUCHI 2022
Korean translation rights arranged with SHUFU-TO-SEIKATSUSHA CO., LTD.
through Japan UNI Agency, Inc., Tokyo and BC Agency, Seoul

이 책의 한국어 판 저작권은 BC에이전시를 통해 저작권자와 독점계약을 맺은 한스미디어에 있습니다.
저작권법에 의해 한국 내에서 보호를 받는 저작물이므로 무단전재와 복제를 금합니다.

히구치 유미코의 즐거운 울 자수

1판 1쇄 발행 2023년 3월 21일
1판 2쇄 발행 2025년 2월 27일

지은이 히구치 유미코
옮긴이 배혜영
펴낸이 김기옥

편집 라이프스타일팀 이나리, 장윤선
마케터 이지수
지원 고광현, 김형식

디자인 푸른나무디자인
인쇄·제본 민언프린텍

펴낸곳 한스미디어(한즈미디어(주))
주소 121-839 서울시 마포구 양화로 11길 13(서교동, 강원빌딩 5층)
전화 02-707-0337 | **팩스** 02-707-0198 | **홈페이지** www.hansmedia.com
출판신고번호 제 313-2003-227호 | **신고일자** 2003년 6월 25일

ISBN 979-11-6007-909-8 13630

책값은 뒤표지에 있습니다.
잘못 만들어진 책은 구입하신 서점에서 교환해드립니다.